Hanns Dieter Hüsch
mit Bildern von Joan Miró

Das kleine Buch zwischen Himmel und Erde

In den Himmel geschrieben

Ein Vor-Wort

Hanns Dieter Hüsch, das wissen mittlerweile viele, hat einen guten Draht zum lieben Gott, ist mit ihm sozusagen auf Du und Du. Daraus macht er auch kein Hehl, vor allen Dingen, wenn er ihn auf dem Fahrrad in Dinslaken am Niederrhein trifft, wo seine Schwester eine Reinigung betreibt. Jeder weiß das. Ich habe mich selber überzeugt: Die Reinigung gibt es, die Schwester auch, ich glaube, sie heißt Maria, aber den lieben Gott traf ich nicht. Vielleicht habe ich es als Pfarrer auch besonders schwer. Darum brauchen wir die Geschichten und Texte von Hanns Dieter Hüsch, dem gütigen Kabarettisten, um dem lieben Gott etwas näher zu sein; denn er trifft ihn immer wieder und erzählt von diesen Begegnungen: freundschaftlich, besinnlich und erhellend. Ein Gott, der sehr sympathisch mit menschlichen Zügen beschrieben wird, der mit einem bodenlosen Verständnis für alle und alles und mit einer unendlichen Güte ausgestattet ist.
So erlebe ich auch Hanns Dieter Hüsch. Und so wundert es nicht, wenn er mit seinen Geschichten die Menschen mit in den Himmel nimmt, sie herumführt, damit sie sich letzten Endes im Café Pilatus treffen, um mit Jesus „Mensch ärgere Dich“ zu spielen, freundlich und nachdenklich, humor- und sorgenvoll – überlegend, ob nicht Gott, der Herr, ein gütiges Machtwort zur Erde senden sollte, damit nicht jeder macht, was er will – auf Kosten der anderen. So entstehen aus den Geschichten seine Predigten, aus den Predigten Psalmen und Fürbitten, Wünsche und Segenssprüche – immer von einer 'höheren Warte' aus gedacht und erzählt, so dass wir hier auf der Erde uns aus den Ärgernissen lösen und befreien und uns endlich Menschen freundlich zuwenden können. Für alle Geschichten vom Himmel herunter auf unsere Erde sage ich Dir, Hanns Dieter Hüsch, danke, als Freund und Begleiter in guten und auch in schweren Zeiten, im Namen der Vielen, die an Deinen Lippen hängen, Deine Texte lesen und hören, die Zuversicht und Trost empfangen, weil Gott die Menschen liebt, wie Du sagst, und Du uns das oft so nahe bringst, dass es uns unter die Haut geht – ohne dass wir das Lächeln und Schmunzeln verlieren – im Gegenteil: Wir entdecken in den Mühen der Ebenen die Weite des Humors, suchen mit Dir den 'stillen Ort' in der Kirche und freuen uns, wenn der liebe Gott den Spieß umdreht und den Küster einschließt; denn so ein bisschen 'nickelig' kann er auch sein – wer? Der liebe Gott oder Hanns Dieter Hüsch?
Lesen Sie selbst –
Ihr Uwe Seidel

Psalm

Ich bin vergnügt
Erlöst
Befreit
Gott nahm in seine Hände
Meine Zeit
Mein Fühlen Denken
Hören Sagen
Mein Triumphieren
Und Verzagen
Das Elend
Und die Zärtlichkeit

Was macht dass ich so fröhlich bin
In meinem kleinen Reich
Ich sing und tanze her und hin
Vom Kindbett bis zur Leich

Was macht dass ich so furchtlos bin
An vielen dunklen Tagen
Es kommt ein Geist in meinen Sinn
Will mich durchs Leben tragen

Was macht dass ich so unbeschwert
Und mich kein Trübsinn hält
Weil mich mein Gott das Lachen lehrt
Wohl über alle Welt

Verabredungen

Und es geschah an einem anderen Tag, dass ich den lieben Gott wieder mal in Dinslaken bei seiner Schwester traf und er mich mit einer Frage behelligte, eine Frage, die ich gar nicht beantworten konnte oder durfte. Er guckte mich aber lange und zwingend an und sagte: Sag mir, was du davon hältst, was du meinst, wie du darüber denkst, er fragte mich nämlich: Ob er Jesum von jetzt an im Himmel behalten solle, er habe Angst um seinen Sohn und die Welt sei inzwischen von seiner Welt so weit entfernt, dass er es nicht verantworten könne, Jesus Christus der Weltgeschichte einzig und allein zu überlassen. Ich habe die Frage nicht beantwortet und zwar so lange nicht beantwortet, bis er schließlich seinen Terminkalender zuklappte und sagte: Also, dann nicht, danke.

An dem Tag war ich ziemlich verstört. Gott sei Dank, im wahrsten Sinne des Wortes, traf ich wenig später noch Christus und versuchte, ihn mit Spielen jeder Art abzulenken. Zuerst haben wir Mühle gespielt, dann Halma, dann Mensch-ärgere-dich-nicht, all diese alten kindlichen Spiele, dann auch Geduldsspiele, wo man zwei Tennisbälle wieder auf zwei Tennisschläger zurück balancieren muss. Wir erinnerten uns sehr an unsere Kindheit und waren nicht wenig über unsere Ausdauer erstaunt. Wir waren beide gute Verlierer und lachten viel, wenn wir verloren.

Jesus' Mutter hat mir später einmal erzählt, dass er andere oft gewinnen ließ, um ihnen ein Geschenk zu machen. Er wollte immerzu Zweiter werden, nie Erster, erzählte sie. Ich habe ihn manchmal gar nicht verstanden, das z. B. mit der rechten und der linken Backe, da hab ich immer zu ihm gesagt: Das tut doch weh. Er aber lachte nur. Er lacht gern. Wenn er von seiner Himmelfahrt zurückkehrt und betritt die Wäscherei, lacht er schon von weitem. Er will, hat er mir schon ein paar Mal gesagt, dass die Christen mehr lachen. Dann sagte sie zu mir, wenn lachen gesund ist, dann soll er ruhig viel lachen, und können Sie ihm nicht mal beibringen, sich wärmer anzuziehen und besser, sagen Sie ihm doch mal, dass ich ihn bei der Auffahrt gerne mal im dunklen Anzug sehen würde, da kümmert der Vater im Himmel sich kein bisschen drum, aber wenn Sie es ihm sagen, dann ist er vielleicht erstaunt und macht es dann. Auf mich hört ja kein Mensch. Ich hab ihm zu Weihnachten einen wunderbaren skandinavischen Pullover gekauft, den hat er bis heute noch nicht angezogen. Ich will mal mit ihm drüber reden, sagte ich, ich kümmer mich drum, liebe gnädige Frau.

In der Tat konnte ich etwas später, auf einer der vielen Reisen mit dem lieben Gott durch den Himmel, den Wunsch von Mutter Mariechen dem lieben Gott vortragen, konnte ihn auch bewegen, was dafür zu tun (sprich den dunklen Anzug für Jesus zu kaufen), aber dabei bliebs auch, bzw., wie ich wenige Tage vor der Auffahrt erfuhr, soll er den dunklen Anzug verschenkt haben. An wen habe er nicht gesagt. Das gehe keinen etwas an, soll er gesagt haben. Ich habe ja den lieben Gott auf einer späteren Reise durch den Himmel zur Rede gestellt, was denn nun aus dem Anzug, dem dunklen, geworden sei. Er hat mir gesagt, Jesus habe den Anzug seinen Jüngern geschenkt, und sie würden ihn jetzt reihum, ihre Maße seien ja fast die gleichen, bei festlichen Anlässen und Feiertagen tragen.

Auf dieser Reise, auf der wir eigentlich meinen Lieblingsonkel besuchen wollten, Onkel Hein, der später im Sarg verwechselt wurde – tut mir Leid, sagt der liebe Gott –, auf dieser Reise fragte der liebe Gott mich ständig, was denn draußen los sei, er höre da immer von Dings, von äh Aktien und an die Börse gehen und Internet und Interpol und Fusionen und Konfusionen und Konsens und Globalisierung und Kommunikationshysterie und Ereignis-Gesellschaft und Big Brother und Körperwelten, Urwald und Geiselnehmern. Da hab ich gesagt, da soll er mal seinen Sohn fragen, um den er so viel Angst habe. Ich habe ihm gesagt, wir haben alle Angst, weil es in der Welt drunter und drüber geht und der Mensch ein gütiges Machtwort braucht, um sich an die alten Tugenden zu erinnern, an die Freundlichkeit und Bescheidenheit, die Nachsicht und die Geduld. Das wollen wir den Menschen sagen, dass, wenn es zu neuen Ufern gehen soll, wir neue Brücken brauchen, eine hochmusikalische Solidarität mit allem, was uns friedlich begegnet, und ein fein gesponnenes Gewebe von Sympathie und Wiedererkennensfreude aus artistischer Überzeugung. Der liebe Gott war, als ich ihm das alles nur so aufzählte, Feuer und Flamme. Er nickte ständig mit dem Kopf und schließlich – wohl von mir angesteckt – sprach er selbst und entwickelte das, was man wohl Vision nennt – und siehe, er hatte Spaß daran.

Wir müssen, sagte er, wir müssen wieder Herz und Hirn für uns arbeiten lassen, die Fantasie entflammen, damit wir uns alle rundum erneuern. Mit dieser Botschaft schicken wir Jesus Christus nach Himmelfahrt wieder auf die Erde zurück. Die Stunde der platonischen Agitation hat begonnen! Selbst ein neuer Jesus wird die Altäre betreten und aus uns allen neue Christen, neue Menschen machen. Eine Welt der Stille mit einer sanften Gesellschaft, daraus werden uns neue Kräfte erwachsen, uns entgegenkommen und beginnen, den Himmel auf Erden für alle sichtbar und zugänglich zu machen. Jesus wird kommen, wiederkommen, wieder vom Himmel herunterkommen, und wir werden glücklich, fröhlich und zufrieden sein.

Halleluja und Amen!

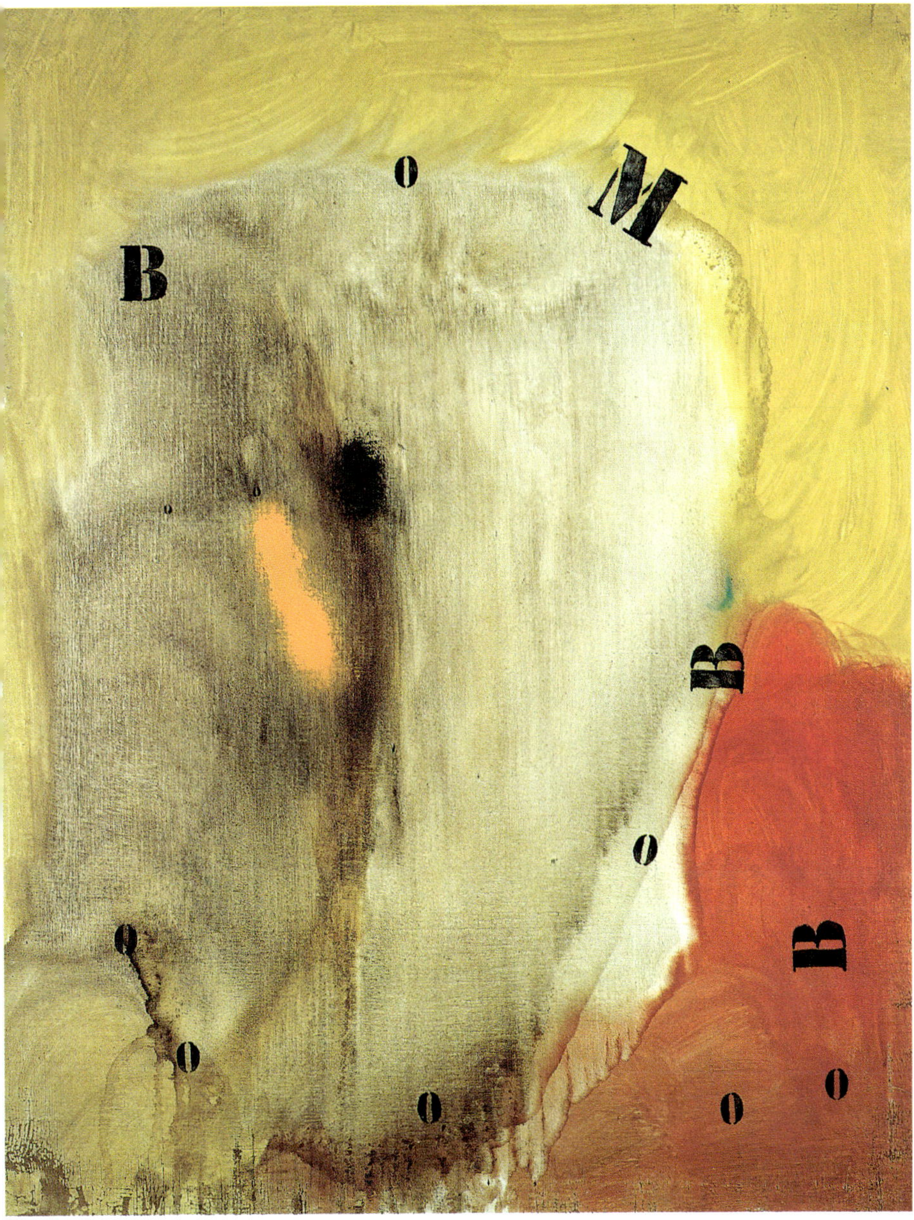
o
M
B
B
o
B
o
o
o
o
o

Am seidenen Faden

Du machst uns unser Leben, Herr,
Nach deinen Breitengraden
Du lässt uns ganz leicht schweben
Gleich wie am seidnen Faden

Wohl über Sand und Meere
Wir sehen Prunk und Pracht
Wir sehen Lust und Leere
Die Not und auch die Nacht

Dein Blick tut uns Genüge
Du weißt was Elend ist
Wir trösten und wir fügen uns
O Herre Jesu Christ

Am Ende lebt die Liebe
Ja einzig und allein
Drum komm und sprich und übe
Mit uns das Glücklichsein

Wir brauchen dein Erbarmen
Im finstern Weltgeschehn
Bis wir in deinen Armen
Uns alle wiedersehn

Amen

Kirche ist zu!

Kennt ihr die Geschichte, wo der liebe Gott in seiner eigenen Kirche eingeschlossen wurde, von seinem eigenen Küster oder der Küsterin oder der Küsterstochter oder vom Sohn des Küsters, der auch Küster werden will, denn sein Großvater war ja auch schon Küster?
Und sie konnten eigentlich ja nichts dafür, hat mir der liebe Gott erzählt, als wir uns wieder mal in Dinslaken getroffen haben (Schwester, Schwager, Treffen, samstags, Espresso).

Sie konnten eigentlich ja nichts dafür, der liebe Gott war in – wie heißt die Gemeinde Dietersbronn, das liegt bei Dieterswasser, zwischen Güteglück und Moritz, ihr wisst schon, er war also in Dietersbronn in die Kirche gegangen, die stand auf, vielmehr die Tür stand auf, – wann steht schon mal in einer evangelischen Kirche die Tür auf, muss ich sie doch mal fragen. Die meisten evangelischen Kirchen sind doch, wenn nicht gerade Gottesdienst, Konfirmation, Heirat oder Taufe ist – sind doch zu! Verriegelt, vernagelt! Fehlt nur noch ein Schild an der Tür: Wir geben nichts! Warum sind so viele evangelische Kirchen über Tag und ganz besonders in der Nacht geschlossen?

Hat man Angst, dass die Kirche geklaut wird, oder der Pfarrer oder aus der Kirche eine Bank zum Beispiel. So viel Kostbarkeiten haben wir doch gar nicht. Wir haben doch alles in Leib und Seele eingebettet, versteckt. In unseren Kirchen ist doch nicht viel zu holen, vielleicht ein Gesangbuch, das wär ja gut, wenn einer keins hat, kann er lernen, wie's schon seit altersher zugeht und neuerdings auch. Lobe den Herrn, du kleines sterbliches Geschöpf, sing dem Herrn deine Liebe ins Gesicht. Der Herr wird es dir danken, bring ihm einen Schlüssel, denn – um wieder auf die Geschichte zurückzukommen: Der liebe Gott konnte nicht mehr raus aus der Kirche in Dietersbronn.

Er hat geklopft, getrommelt und gepfiffen: nichts. Denn wenn eine Küster-Familie mal beim Essen sitzt, dann hört sie nix.

Aber, habe ich zum lieben Gott gesagt: Du hättest doch eines von deinen Zeichen und Wundern tun können.

Nee, nee, das wollte ich nicht, hat der liebe Gott gesagt, das wäre nicht objektiv gewesen, und der Jesus sagt auch immer, ich soll mit den Zeichen und Wundern sparsamer umgehen und vor allen Dingen sie nicht selbst verbrauchen. Jedenfalls hat der liebe Gott sich damit abgefunden, hat sich auf eine Bank gelegt und ist eingeschlafen. Und wenn der Küster nicht am anderen Morgen für den Sonntagsgottesdienst ein paar Kerzen ausgewechselt hätte, hätte der liebe Gott bis zum Mittag durchgeschlafen. Nein, der Küster legte sofort los, wie: Nix da, Penner können wir hier nicht gebrauchen und Junkies schon gar nicht, und der liebe Gott entschuldigte sich, verbeugte sich ein paar Mal und zog sich auf Zehenspitzen, fast leicht tänzelnd zurück, und dann entschloss er sich doch, eins von seinen Wundern zu tun, nämlich umgekehrt den Küster einzuschließen. Ohne Schlüssel! Und zwar so einzuschließen, dass der so ohne Weiteres nicht mehr aus der Kirche rauskam, wenn nicht der Gottesdienst gewesen wäre und der Pfarrer nicht mehrere Schlüssel gehabt hätte.

Seit der Zeit steht die evangelische Kirche in Dietersbronn Tag und Nacht offen. Und es tummeln sich auch manchmal Obdachlose und Landstreicher dort herum und neuerdings werden auch dort Menschen aller Arten, die abgeschoben werden sollen, versteckt und von vielen Menschen beschützt, und der liebe Gott hat seine Freude daran, denn er liebt die, die Widerstand leisten und nicht zu allem Ja und Amen sagen, sondern Nein und Halleluja!
Nein und Halleluja.
Bitte weitersagen:
Nein und Halleluja!

Danke.

Religiöse Nachricht

Als die Nachricht um die Erde lief,
Gott sei aus der Kirche ausgetreten,
wollten viele das nicht glauben.
„Lüge, Propaganda und Legende", sagten sie,
bis die Oberen und Mächtigen der Kirche
sich erklärten und in einem so genannten Hirtenbrief
Folgendes erzählten:

„Wir, die Kirche, haben Gott, dem Herrn,
in aller Freundschaft nahe gelegt,
doch das Weite aufzusuchen,
aus der Kirche auszutreten und gleich alles
mitzunehmen, was die Kirche immer schon gestört hat.
Nämlich seine wolkenlose Musikalität,
seine Leichtigkeit und vor allem
Liebe, Hoffnung und Geduld.
Seine alte Krankheit, alle Menschen gleich zu lieben,
seine Nachsicht, seine fassungslose Milde,
seine gottverdammte Art und Weise, alles zu verzeihen
und zu helfen –
sogar denen, die ihn stets verspottet;
seine Heiterkeit, sein utopisches Gehabe,
seine Vorliebe für die, die gar nicht an ihn glauben,
seine Virtuosität des Geistes überall und allenthalben,
auch sein Harmoniekonzept bis zur Meinungslosigkeit,
seine unberechenbare Größe und vor allem,
seine Anarchie des Herzens – usw. ...
Darum haben wir, die Kirche, ihn und seine große Güte
unter Hausarrest gestellt,
äußerst weit entlegen, dass er keinen Unsinn macht,
und fast kaum zu finden ist."

Viele Menschen, als sie davon hörten,
sagten: „Ist doch gar nicht möglich!
Kirche ohne Gott?
Gott ist doch die Kirche!
Ist doch eigentlich gar nicht möglich!

Gott ist doch die Liebe,
und die Kirche ist die Macht,
und es heißt: ‚Die Macht der Liebe!'
Oder geht es nur noch um die Macht?!"
Andere sprachen: „Auch nicht schlecht,
nicht schlecht; Kirche ohne Gott!
Warum nicht Kirche ohne Gott!?
Ist doch gar nichts Neues,
gar nichts Neues!
Gott kann sowieso nichts machen.
Heute läuft doch alles anders.
Gott ist out, Gott ist out!
War als Werbeträger nicht mehr zu gebrauchen."

Und:
„Die Kirche hat zur rechten Zeit das Steuer
rumgeworfen."
Doch den größten Teil der Menschen
sah man hin und her durch alle Kontinente ziehn,
und die Menschen sagten:
„Gott sei Dank!
Endlich ist er frei.
Kommt, wir suchen ihn!"

Kirche, Klo und Kälte

Man sagt so was ja ungern
Dass so viele aus der Kirche austreten
Das hängt ja oft nur mit der Steuer zusammen
Und weniger mit dem Glauben
Aber et könnt auch sein, dass viele nicht mehr in die Kirche
Kommen
Weil et da immer so kalt ist
Ja Sie werden lachen oder nicht
In den meisten Kirchen da isset eisekalt wie am
Nordseestrand
Warum weiß ich auch nicht
Die Leut trauen sich ja kaum aus dem Mantel raus
Und singen allein macht ja auch nicht warm
Und dann die Beterei da ist noch keine Heizung von
Angegangen
Wenn et ausverkauft ist, gut
Da stellt sich ja dann die natürliche Wärme
Von Mensch zu Mensch langsam ein
Aber bis man et dann so richtig gemütlich warm hat
Ist der Gottesdienst schon aus

Ich weiß ja nicht ob Sie in die Kirche gehen
Sie schlafen sicher sonntags gerne lang
Kann man ja verstehen
Wegen der Wärme
Denn draußen isset ja eiskalt
Nee nee
Ich kenne Schlafzimmer da sitzt einem der Nordpol im
Nacken
Die Bauern früher die hatten ja meistens
Auch keine Heizung im Schlafzimmer
Und die sind ja auch dann meistens an Lungenentzündung
Eingegangen
Und dann in die kalte Kirche
Ich mein vielleicht ist das in Ihrer Gemeinde anders
Ja und wenn Se dann mal wirklich austreten müssen
Also nicht aus der Kirche sondern aufs Klo müssen
Auch du lieber Himmel

Das ist ja auch sone Geschichte
Selbst wenn Se zu Haus noch rasch gehn
Glauben Sie gar nicht Sie könnten in der Kirche
Schon wieder gehn
Die meisten Kirchen haben nämlich gar kein Klo
Oder womma sagen nur indirekt
Ich find das ungeheuer
Christentum hat doch mit Leib und Seele zu tun
Und nirgendwo steht geschrieben
Du sollst nicht müssen
Durch diese hohle Gasse muss er kommen
Es führt kein andrer Weg zum Küster
Aber jedesmal wenn ich frag
Ich frag meistens schon gar nicht mehr
Aber wenn ich frag:

Wo ist denn hier das Klo?
Ja das ist ein bisschen kompliziert
Da müssen Sie –
Ist es sehr dringend
– warten Sie mal da müssen Sie
Da gehen Sie am besten
Das ist katholisch wie evangelisch
Alles dieselbe Leier
Da gehn Sie jetzt am besten
Wenn Sie unbedingt müssen
Hier durch die Sakristei
Weil Sie es sind
Dann die Wendeltreppe runter
Dann kommt ein Kellergang
Da stehn so Leitern und alte Farbtöpfe
Und am Ende von dem Gang
Da ist ein Holzverschlag
Und links daneben ist eine Tür
Das ist das Klo
Und dann stürzt man da runter
Und das Klo ist besetzt
Ist ja logisch
Für sone große Kirche ein Klo
Da packt man sich Gott weiß wohin

Warum kann man nicht am Eingang
Links und rechts zwei Klos hinbaun
Wenn das so weitergeht dann stift ich eins
Mit meinem Namen
St. Abortus von Hanns Dieter Hüsch.

Sie sagen

Sie sagen,
Idealismus sei ein Intelligenzdefekt.
Ich glaube es nicht.

Sie sagen,
die Bergpredigt wäre nicht so gemeint.
Ich glaube es nicht.

Sie sagen,
„Du sollst nicht töten" ist so zu verstehen, dass ...
Ich glaube es nicht.

Sie sagen,
bei etwas gesundem Menschenverstand müsste doch jeder ...
Ich glaube es nicht.

Sie sagen,
selbst Christus würde, wenn er heute ...
Ich glaube es nicht.

Und wenn man mir
Berge schwarzen und roten Goldes verspricht,
ich glaube es nicht.

In Gottes Hand

Wir sind alle in Gottes Hand
Ein jeder Mensch in jedem Land
Wir kommen und wir gehen
Wir singen und wir grüßen
Wir weinen und wir lachen
Wir beten und wir büßen
Gott will uns fröhlich machen

Wir alle haben unsre Zeit
Gott hält die Sanduhr stets bereit
Wir blühen und verwelken
Vom Kopf bis zu den Füßen
Wir packen unsre Sachen
Wir beten und wir büßen
Gott will uns leichter machen

Wir alle haben unser Los
Und sind getrost auf Gottes Floß
Die Welt entlang gefahren
Auf Meeren und auf Flüssen
Die Starken mit den Schwachen
Zu beten und zu büßen
Gott will uns schöner machen

Wir alle bleiben Gottes Kind
Auch wenn wir schon erwachsen sind
Wir werden immer kleiner
Bis wir am Ende wissen
Vom Mund bis zu den Zehen
Wenn wir gen Himmel müssen
Gott will uns heiter sehen.

Jesus v. Nazareth an die Niederrheiner

Große Freude meine Lieben, Jesus von Nazareth hat uns geschrieben, vor drei Tagen. Einen Weihnachtsbrief mit vielen Segenswünschen für uns alle, mit guten Gedankengängen und weitsichtigen Geboten, und alles mit einer unnachahmlichen Leichtigkeit, die hat er von seinem Vater. Er wünscht uns aber vor allem eine friedliche Weihnachtszeit, voller Frieden und Freude, untereinander und miteinander, und seid nachsichtig!, schreibt er, seid nachsichtig!

Wie oft, so schreibt er, bittet ihr mich, mit euch gnädig zu sein, jetzt bitte ich euch, seid gnädig mit jenen, die ihr nicht so gerne mögt, der andere oder die anderen, sie werden ganz erstaunt sein und euch am Ende gar um den Hals fallen, weil ihr angefangen habt, ihnen zu vergeben. Der erste Schritt zur Vergebung, das ist der christliche Schritt, auch wenn nicht alles gleich gelingt, so schreibt er, Jesus von Nazareth.

Wir müssen allen anderen vorausgehen, wenn es heißt: Ich bin für dich und nicht gegen dich. Und die Hand des Friedens und der Liebe bleibt immer ausgestreckt und der Christ lässt sich nicht verwirren und verbittern, denn ihr wisst ja, liebe Freundinnen und Freunde, ich bin bei euch alle Tage bis ans Ende der Welt, ganz besonders auch an Weihnachten. In diesen Tagen, in denen ich auf die Welt gekommen bin, um bei euch zu sein, im Leben wie im Sterben.

Dezember-Psalm

Kleiner Herr
der du gekommen bist
im Elend
wir bauen auf dich
und deine Zukunft
und schenken dir
unser ganzes Vertrauen

Wir warten auf dich
bis du groß und
allmächtig bist
alle Welt übersiehst
und überall die Liebe
als Statthalter einsetzt
damit das Kommende
für uns ertragbar wird
und das Jahrhundert
keine Schreckenskammer

Kleiner Herr
ich wünsche mir
eine Welt der Stille
mit einer sanften
Gesellschaft
die zufrieden und
glücklich
Anfang und Ende lebt

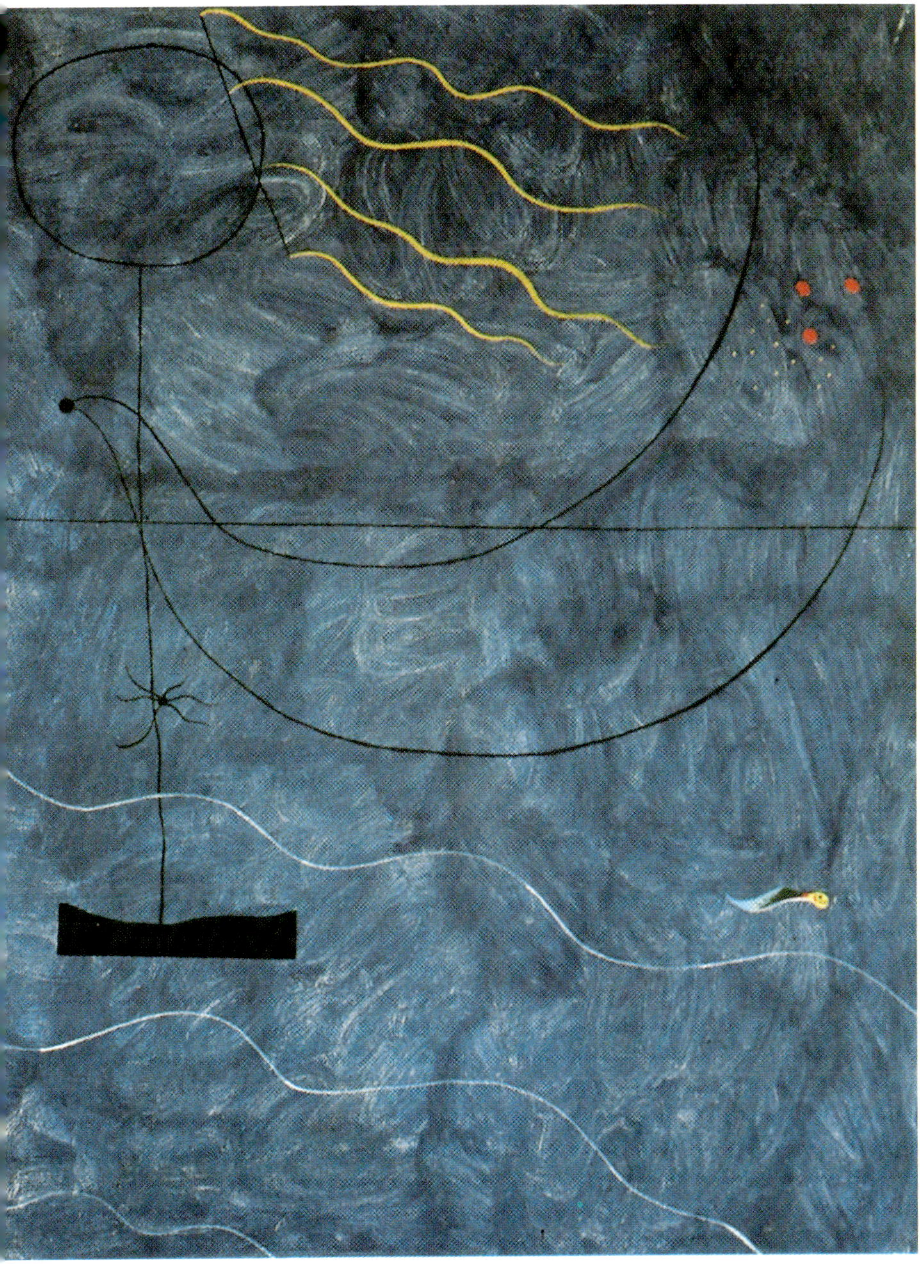

Der liebe Gott ist nicht zu Hause

Ich hatte schon mehrmals versucht anzurufen, aber jedes Mal kam nur auf Band die Stimme von Petrus: Der liebe Gott ist nicht zu Hause. Wir bitten um Ihr Verständnis. Da erinnerte ich mich an ein Gespräch, das ich mit dem lieben Gott hatte, bevor er mich mit dem Fahrrad – Sie kennen die Geschichte – bevor er mich mit dem Fahrrad vom Himmel nach Dinslaken zurückbrachte. Das war kurz vor Weihnachten, da hatten wir beide ein Gespräch, gemütlich bei Kaffee und Kuchen, Plätzchen, Kerzen, Äpfel, Nüsse und Apfelsinen lagen in Mengen um uns herum, und der liebe Gott fragte mich: Was macht ihr denn an Weihnachten? Fahrt ihr in die Karibik? Ich war so verdutzt und gleichzeitig empört und sagte beleidigt: Wie kannst du so was fragen? Ich war noch nie in der Karibik und an Weihnachten schon gar nicht, ich meine, die Frage: Was macht ihr denn an Weihnachten? hatte ich schon hundert Mal gehört, aber: Fahrt ihr in die Karibik – und dann noch an Weihnachten, hatte ich noch nicht vernommen. An Weihnachten fährt man zu Omma und Oppa, zu den Eltern, zu den Kindern, vielleicht noch zu Freunden, oder man bleibt zu Hause, wie wir, denn ich kann Weihnachten nur zu Hause haben oder begehen oder sogar feiern, mit einem Baum.

Und so habe ich denn auch zum lieben Gott gesagt: Was soll ich denn an Weihnachten in der Karibik? Über Weihnachten, da bin ich zu Hause, da muss ich zu Hause sein, sonst hab ich kein Weihnachten. Auch nicht im Herzen?, fragte der liebe Gott. Eben gerade deswegen, sagte ich, muss ich zu Hause sein. Weihnachten hab ich nur zu Hause. Ist das nicht ein bisschen eng, sagte der liebe Gott, ich z.B. fahre in die Karibik. Ja du, sagte ich, du kannst und darfst ja sein, wo du willst, für dich ist doch überall zu Hause, du kannst dir das leisten, du bist ja auch der liebe Gott, und wir sind ja nur kleine Säugetiere, provozierte ich ihn.

Was heißt hier kleine Säugetiere? Jesus fährt zum Beispiel an Weihnachten nach China und ist auch nur ein Säugetier. Ja, ja, sagte ich, ihr habt ja da Verwandte oder Freunde. Du bist doch mit Buddha und Allah und Konfuzius und Jahwe befreundet. Ihr macht doch auch im Sommer oft zusammen Ferien, hab ich gehört. Ja, das stimmt, sagte der liebe Gott. Das ist die Zeit, eine sehr wichtige Zeit, in der wir uns gegenseitig auf unsere Fehler aufmerksam machen. So könntest du auch in die Karibik fahren, um mal mit anderen zu sprechen und nicht immer im eigenen Saft zu schmoren, mein Lieber. Was meinst du, sagte ich darauf, was meine Frau mir sagt, wenn ich ihr sage: Weihnachten, mein Lieb, ab in die Karibik. Ich hab schon mit ihr gesprochen, sagte er. Wann denn? Neulich von Dinslaken aus. Ja und? Sie wäre einverstanden. Sie wäre einverstanden!? Mal was anderes, hat sie gesagt. Da kannst du mal sehen, hab ich gesagt, da bemüht man sich hier dauernd um die Reinheit des Weihnachtsfestes, und dann so was. Gibs doch zu, hab ich dann zum lieben Gott gesagt, da hast du doch sicher dran gedreht. Nur ein bisschen, und es ist ja noch nicht spruchreif. Zunächst wollte ich nur mal dein Toleranzvermögen überprüfen.

Die Welt ist ein bisschen größer, als du denkst und wir sollten alle ein bisschen großzügiger sein, als wir denken, damit, wie du selbst gesagt hast, die Erde Heimat wird für alle Welt.

Dann bestellte sich der liebe Gott ein Taxi und fuhr ins Café Pilatus, um dort seinen Sohn abzuholen. Als das Taxi anfuhr, ließ er noch rasch die Scheibe runter und rief mit voller Lautstärke:

Frohes Fest!

... so gegen 21.30 Uhr

Der liebe Gott zum Beispiel
Ich weiß nicht ob Sie das wissen
Soll übrigens ein hervorragender Akkordeonspieler sein
In seiner Freizeit
Er hat im Himmel schon seit langem
Allerdings nach heftigen Tarifkonflikten
Den 16-Stunden-Tag eingeführt
Und in seiner Freizeit
Verzeihung
In seiner sinnvollen Freizeit
Freizeit ist ja nur sinnvoll
Wenn sie sinnvoll ist
Setzt sich der alte Herr vor seinen Himmel
Und spielt einige Musette-Walzer
Und wenn man so gegen 21.30 Uhr
Mal ganz still ist
Und hinaufhorcht
Dann hört man's
Nicht jeden Abend
Um Gottes willen

Aber wenn dann klingt's nie laut oder derb
Sondern immer ganz hell und ganz leicht
So gegen 21.30 Uhr –

Der liebe Gott und das Himmelszelt

Jesus fährt auf in den Himmel
und mit ihm bringt Gott uns den Himmel näher
Und der Heilige Geist geht mit dem Kompass voran.
So stell ich mir das vor: Der Heilige Geist geht mit dem Kompass, der Wasserwaage und der Sanduhr voran.
Gar nicht so abstrakt, sondern himmlisch-weltlich
Weltlich-himmlisch
Und die Meteorologen werden für einige Zeit beurlaubt
Wir danken für ihr Verständnis, sagt der liebe Gott
und macht das Himmelszelt zuerst an einer Wetterwarte
mit Wäscheklammern fest und siehe da: Es hält!
Wind geh weg, sagt der liebe Gott, ich kann dich nicht gebrauchen
So sei es höflich erklärt, denen, die gerne Märchen hören.
Aber es ist ja kein Märchen! Und es fängt nicht an mit:
Es war einmal. Und es hört nicht auf mit: Und wenn sie nicht gestorben sind, sondern es ist die blanke Wahrheit oder, wenn Sie es mehr mögen: Die reine Wirklichkeit, die sich vor unseren vier Wänden und in unseren Herzkammern abspielt.

Und Gott und Jesus und der Heilige Geist überziehen den ganzen Erdball und die Welt überhaupt mit Himmel, so dass die Erde schließlich wie ein Stopfei im Strumpfe im Himmel steckt. Und der Himmel färbt ab und viele Menschen wissen gar nicht, wie ihnen geschieht und sagen: Das ist doch nicht möglich und spüren: Es ist doch möglich.
Und nachdem Gott, Jesus und der Heilige Geist ihr Werk getan, nämlich den Himmel weltweit hinunter- und herabzulassen, so dass die Bäume fast in den Himmel gewachsen wären, ging Gott mit den Seinen auch in ein Gasthaus, in dem viele Männer zu zweit, alleine oder in Gruppen saßen, teilweise angeheitert, teilweise singend und brummend, denn sie begingen ja an diesem Tag den Vater-Tag, waren mit Fahrrädern unterwegs und bei manchem hatte man schon Sorge, ob er denn noch unversehrt nach Hause käme. Der liebe Gott amüsierte sich, Jesus sang manchmal mit, denn er kannte ja noch einige Lieder aus seiner frühen Zeit, und der Heilige Geist empfahl dem Wirt, von nun an nur noch alkoholfreies Bier auszuschenken. So tat denn auch der Wirt.

Und als die Väter dann schließlich lauthals aber todmüde aufbrachen, fielen einige ein paar Mal von ihren Fahrrädern, andere fanden an ihrem Rad einen völlig neuen Sattel oder neue Reifen oder eine Klingel oder ein Rücklicht. Gott hatte ein bisschen gezaubert und Jesus guckte den Fahrradrittern nach und hieß sie gut und gesund nach Hause kommen. Dafür bin ich ja da, sagte er.

Gott, Jesus und der Heilige Geist blieben noch einen Moment, und der Wirt ging hinter seiner Theke auf und ab und murmelte dauernd vor sich hin: „Woher kenn ich die drei nur, woher? Aus dem Nachbardorf kommt doch kein Mensch." Und als er sich umdrehte, waren die drei verschwunden.

Sie fuhren zurück, aufwärts bis in die höchste Höhe, weiter noch. Dahin, wo sie zu Hause waren, da, wo der Himmel entsteht, wo er anfängt, das Ende hatten sie auf der Erde gelassen, an vielen tausend Stellen mir Wäscheklammern fest gemacht, sodass wir nun den Himmel auf Erden haben, wenn wir ihn auch nicht sehen, so spüren wir ihn, wenn wir wollen.

Das Ende des Himmels ist uns gegeben, soll uns an Jesus erinnern, der aufgefahren ist und die Erde mit dem Himmel vermählt hat, auf dass wir von nun an umso mehr unsere Kraft und unseren Glauben stärken können, um die Tugenden des Himmels auf Erden in die Tat umsetzen zu können.

Fangen wir an, so wie das alte gute Sprichwort es uns empfiehlt: Hilf dir selbst, so hilft dir Gott. Arbeiten wir gemeinsam mit Vater, Sohn und Heiligem Geist an unseren Träumen und Visionen, dass das Wort vom Himmel auf Erden eines Tages zu einem Fest wird, wo die Erde Heimat ist für alle Welt und der Himmel unser Schutz, unser Dach und unser Trost allen, die guten Willens sind und allen, die mit uns auf dem Wege zu Jesus Christus sind.

Weiß der Himmel ...

Vieles ist passiert im großen Ganzen wie im ganz Kleinen, fast Nebensächlichen, vieles ist beredet und besprochen worden, vieles auch verschwiegen und verschoben worden, Konflikte sind gelöst oder vorerst verdrängt, „auf Eis gelegt" worden, „weiß der Himmel", sagt der Mensch, „wie's weitergehen soll, weiß der Himmel".

Tja, wie steht's denn im Himmel? Der Himmel in uns, ich meine den Ort, wo in uns Leib und Seele und Glauben sitzen. Ist da was oder ist da nichts?, möchte ich heute mal konkret fragen. Knistert da was oder knistert da nix? Wie steht es um uns, das heißt, wie steht es dann auch um den Himmel? Aber was denken wir heute? Was spielt sich bei uns ab? Fahren wir mit – begleiten wir Jesus? Was sagen die Avantgardisten des Fortschritts? Natürlich alles Unsinn. Keiner fährt. Auch Jesus nicht. Muss ja auch nicht sein. Wir haben ja den Humanismus. Der enthält Tugenden genug. Und dann die Aufklärung! Außerdem ist Vatertag. – Also, was ist mit uns, wenn wir all diese lockeren Einwände hören? Ist der Himmel noch zu retten oder sind wir noch zu retten? Oder retten wir uns gegenseitig? Die Welt ist unbarmherzig, ungläubig und unverschämt. Da muss man ein dickes Fell haben und nicht nur so vor sich hin glauben. Heut mal nicht – morgen vielleicht und übermorgen, ja, das geht vielleicht.

Nein, da muss man schon ein christlicher Dickkopf sein und den Himmel ganz fest in sich tragen. Und wer den Himmel ein für alle Mal in sich trägt, der kann auch Jesu Himmel um so heftiger und würdiger empfinden. – Übrigens, die im Himmel haben es auch nicht so leicht, jedenfalls nicht viel leichter als wir.

Miró

Glocken des Frohsinns

Eines muss man mal deutlich sagen: In den Kirchen tut sich jetzt doch allerhand! Nicht nur, weil es auf Weihnachten zugeht, nein, ich meine – ich kann mich natürlich täuschen –, dass da jetzt doch eine ganz neue, wie soll ich sagen, fröhliche Besinnlichkeit ausgebrochen ist.

Friedrich Nietzsche hat schon vor lange Zeit gesagt, dass die Christen eigentlich erlöster aussehen müssten. Und er hat auch gesagt, der Friedrich, dass, wenn die Religion zur Moral wird, sie anfängt zu stinken! Und der Bischof Lehmann hat auch gesagt: „Man muss den Dialog in der Kirche fördern!“ Und was da immer alles gesagt wird! Jetzt sollte auch mal was getan werden! Sonst heißt es immer: Kirche von unten, von unten, von unten! Aber die von oben kümmern sich den Deuwel drum! Und um in das Ganze mehr Schwung zu bringen, hat man im Saarland, in der Stadt Ottweiler, jeden Tag ein Trinkerliederpotpourri gespielt, als Glockenspiel! Ein Potpourri aus bekannten Trinkliedern, wie zum Beispiel: „Bier her, Bier her ...“, oder „Wenn das Wasser im Rhein goldner Wein wär' ...“, oder „Ein Prosit der Gemütlichkeit ...“. Diese Lieder konnte man jeden Tag vom Kirchturm hören! Ich meine, warum nicht! Die berühmte Theresia von Avila hat schon im 16. Jahrhundert gesagt: „Tu deinem Leib des Öfteren etwas Gutes, damit deine Seele Lust hat, darin zu wohnen!“ Und sie hat auch gesagt: „Wenn Truthahn, dann Truthahn! Wenn fasten, dann fasten!“

Aber die evangelische Kirchengemeinde hat protestiert! Jetzt soll das Glockenspiel, glaube ich, still gehen. Ich weiß nicht, wie der Streit ausgegangen ist. Wahrscheinlich werden jetzt nur Advents- und Weihnachtslieder gespielt. Was ja auch richtig ist! Der Christ hat sich eben auf den Ernst der Stunde vorzubereiten und einzustimmen, auch wenn der Engel noch so oft sagt: „Siehe, ich verkündige Euch große Freude, denn Euch ist heute der Heiland ...“ und so weiter! Da hat man doch als sterblicher Erdenbürger allen Grund, mal ein Schnäpsken zu trinken oder auch ein Lied anzustimmen! „O du fröhliche, o du selige ...“! Aber der Christ hat dabei ein tiefernstes Gesicht zu machen!

Ich kämpfe schon seit Jahren darum, dass man in der Kirche auch lachen und klatschen darf, wenn einem was gefällt! Und vor der Kirche müsste – wie früher – auch wieder der Kirmesplatz sein! Gut! Ich weiß schon: Alles zu seiner Zeit! Und bitte keine Förderung des Alkoholismus! Ist in Ordnung! Aber was die Kirche durch ihre Verbote schon alles gefördert hat, das möchte ich nicht wissen! Das möchte ich hier nicht auf den Tisch legen! Die Kirche sollte eine gute Mischung aus Alltag und Sonntag sein, aus Freude und Trauer, aus Leben und leben lassen! Deshalb sollte man an Silvester das Trinklieder-Glockenspiel vom Kirchturm wieder anstellen! Der „Liebe Gott" ist da viel großzügiger! Der singt selbst mit! Der hat einen ausgeprägten Tenor und zwitschert auch mal gern einen! Und schreibt keinem was vor! Höchstens, dass die Kirche mal von ihrem hohen und hochmütigen pädagogischen Podest runterkommt! Kirche von oben brauchen wir nicht! Aber Menschen von unten; davon kann der „Liebe Gott" nicht genug kriegen!

Im Übrigen meine ich

Im Übrigen meine ich
dass Gott der Herr
uns immer wieder in die Nähe seines Himmels führt
sein Wort durch unseren Kopf gehen lässt
seinen Blick in unser Herz senkt

Er möge uns
sichtbar und unsichtbar zeigen
dass wir nicht verloren sind
auch wenn die Welt verloren ging
und dass er sich unser erbarmt
so wie wir uns erbarmen wollen

Die Hilflosen und Beladenen
die Obdach- und Besitzlosen
sollen unser besonderes Augenmerk haben

Die Kunst des Zusammenfühlens und
Zusammendenkens
möchten wir wieder lernen
mit ihm, dem Sohne und dem Heiligen Geiste

Lehre uns auf deine Weise
die Dinge zu Ende zu denken
sodass wir neu anfangen können
mit dir und mit allen Geschöpfen
die du gemacht
mit der Schlange und dem Pferd
den Menschen aller Arten und Abarten
den Weißen den Farbigen
allen die unter deinem Himmel
der heute in Leib und Seele bei uns ist
leben sterben und sich wiedersehen.

Besuch beim lieben Gott

Ich war ja vor einigen Monaten dort, ganze sieben Wochen, und durfte zusammen mit dem lieben Gott meine Lieben, die alle schon oben sind, besuchen. Wir standen immer sehr früh auf. Manchmal war ich besser drauf, manchmal er. Meistens ließ er mich rufen und sagte: „Ich hab so geschwollene Füße, knöpf mir doch bitte die Schuhe zu.“ Er saß dann auf der Bettkante und sagte: „Ich habe unruhig geschlafen. Die ganze Welt schiebt mir alles in die Schuhe, aber dass die Menschen selbst was verbrochen haben könnten und was dagegen tun, darauf kommt natürlich kein Schwein.“ Er sagte tatsächlich wortwörtlich „kein Schwein“.

Morgens, wenn er noch nicht so richtig wach war, sah er oft wie ein Häufchen Elend aus. Und einmal sagte er: „Ich glaube, ich habe mich vertan. Ich überlege nämlich schon seit langem, ob ich Jesus noch einmal nach Golgatha schicken soll. Was meinst du?“ Ich schwieg. Dann sagte ich: „Lieber nicht.“ Und dann sagte der liebe Gott: „Er ist zurzeit reichlich abwesend, die Menschheit setzt ihm zu und die Kirche ist auch nicht mehr geheuer. Sie machen, was sie wollen, obwohl sie genau wissen, dass ich das nicht will. Wie hat doch euer Nietzsche gesagt: Wenn die Religion zur Moral wird, fängt sie an zu stinken. Großartig! Komm, lies mir was vor, damit ich besser auf die Beine komme!“ Und ich las dem lieben Gott die Geschichte von meinem Onkel vor, mit dem ich an Himmelfahrt immer eine große Fahrradtour mache. Ja, und immer, wenn wir eine Fahrradtour machten, wusste ich, jetzt ist Himmelfahrt. So konnte ich mir das Jahr gut einteilen. Himmelfahrt und dann noch zwei, drei Monate, dann ist Weihnachten. So hatte ich das Jahr voll im Griff. Da war ich erst acht Jahre alt. Und auf der Fahrradtour träumten wir höchst polyphon von Himbeersaft, Löwenzahn, kaltem Kotelett, Kartoffelsalat, Matthias Claudius, Ave Maria, Shakespeare aus Thermosflaschen und Henkelmann. Über giftgrüne Wiesen immer einem unsichtbaren Gesang auf der Spur. Endlose Trauermärsche in Dur.

„Tja“, sagte der liebe Gott, „dann wollen wir uns auch mal auf den Weg machen.“ Und er hatte in diesem Augenblick große Ähnlichkeit mit meinem Onkel.

Aber, was ich sagen wollte, ich habe eigentlich erst durch meinen Aufenthalt im Himmel richtig erkannt, wie sehr wir zusammengehören, also Himmel und Erde, dass der Himmel nicht ohne die Erde und die Erde nicht ohne den Himmel sein kann, dass einer auf das andere und umgekehrt angewiesen ist und Solidarität beweisen muss. Und keiner von beiden kann sich davonstehlen, sondern in der Welt fragt man sich, ist der Himmel noch zu retten, oder ist die Erde noch zu retten? Das ist eine Globalisierung von anderer Art, weil sie von Gott kommt und von Jesus. Wenn auch oft der Himmel nicht mehr zu retten ist, weil wir im Glauben nachlassen, den Götzen nachlaufen, die uns verkaufen und vermarkten, wo immer sie unsere Schwächen entdecken.

Und deshalb eigentlich meine Frage: „Wie steht's mit dem Himmel?" Und dem Himmel in uns, ich meine den Ort, wo in uns Leib und Seele und Glauben sitzen. Was spielt sich bei uns ab? Könnten wir nicht heute wie Jesus auch in unseren eigenen Himmel fahren, in den, der in uns sitzt, in dies großartige Gemisch, in diese Komposition aus Liebe, Zuversicht, Gottvertrauen, Geduld, Hoffnung und Glauben, da, wo Toleranz und Freundlichkeit in uns sitzen und wohnen? Da fahren wir heute hin.

Sind wir noch zu retten? Aber ja, wenn wir uns auf unser Vermögen besinnen. Was wir vermögen, ist unendlich, wenn wir in unseren eigenen Himmel fahren. Ist der Himmel noch zu retten? Von uns?

Ich bin im Himmel ein paar Mal im Café Pilatus gewesen, habe mich mit Jesus über Gott und die Welt unterhalten können, das war alles kein Problem, wenn er nicht gerade Mühle spielte oder Mozart hörte. Sonst ging man einfach an seinen Tisch und sagte: „Hallo!" und setzte sich. Und er sagte: „Wie geht's?" Und ließ meistens sofort Tee und Gebäck bringen. Manchmal rauchte er eine Zigarette. „Ich rauche eigentlich nicht", sagte er. „Aber wenn die Nichtraucher zu militant werden, dann irritiere ich sie und blase ihnen den Qualm ins Gesicht. Ich bin gegen jede Art von Militanz und Fanatismus. Und Raucher verteufeln heißt ja noch lange nicht, gesund zu sterben. Aber das ist ein großes Problem", sagte er, „da gibt es Krankheiten, die wir nicht gekannt haben und die man uns jetzt vorwirft. Natürlich haben wir die Natur eingeführt und sie hat sich dann selbstständig gemacht und uns nur die

Seele übrig gelassen. Aber über den Leib macht sie sich her, wie sie es gerade braucht. Und wer ist schuld? Der liebe Gott natürlich. So ist das mit den großen Seuchen, mit den großen Kriegen. Und so taumeln wir alles wissend und alles kennend in die Katastrophen hinein. Es gibt Menschen", so sagte er, „die sagen, ich soll mich da raushalten! Und allmählich kümmern wir uns auch nicht mehr drum, beziehungsweise wir erwarten und versprechen nichts. Wir machen hier oben unser Schrebergarten-christentum und kommen ganz gut zurecht. Wir überreden niemanden, wir agitieren gegen niemanden, wir setzen keinen mehr unter Druck. Wir sind ganz einfach freundliche Tote und leben unseren Frieden ohne großes Programm, ohne – wie heißt das furchtbare Wort? – 'Weltanschauung'."

„Ohne Weltanschauung, leicht und liebenswürdig, ohne irgendeinen irdischen Zwang, ohne Ansprüche und Geschmacks-diktatur. Es gibt zum Beispiel", so sagte er, „bei uns keine Alters-weisheit und keine Jugendsünde, wenn schon, dann Weisheit und Sünden, und dann immer auch nicht nur am Anfang und am Ende. Wir sind durch den Tod gegangen und haben ein anderes Melos, eine andere Klangfarbe bekommen. Aber was wir denken und fühlen, erfahren und wissen, ist gar nicht so neu, das gibt es in allen Religionen. Wir möchten nur keine Uniform anziehen, sondern eigentlich unauffällig und umstritten bleiben", sagte er, „das war immer so und wird auch in den nächsten tausend Jahren ebenso sein".

„Umstritten", sagte ich, „was heißt das?" „Liebe", sagte er, „aber nicht Friede, Freude, Eierkuchen. Das schafft kein Mensch und auch kein Gott". „Aber Gottes Liebe ist doch allumfassend", sagte ich. „Das stimmt schon", sagte er, „aber mein Vater hat auch dunkle Stunden und dann weiß er nicht, an wen er sich wenden soll. Du kannst dich an den lieben Gott wenden oder an mich", sagte er, „aber wir haben niemanden. Der Heilige Geist ist auch nicht immer da", sagte er sehr spöttisch. Auch Jesus von Nazareth sagt, dass der Heilige Geist nicht immer da sei.

Das alles war für mich völlig neu und aufregend, und ich war gar nicht mehr Herr meiner Haltung.
Wollte er mich provozieren?

Wenn du zurückkommst

Wenn du zurückkommst, Herr Jesus, wird durch uns ein prächtiges Gewitter gehen. Es wird ein Leuchten in unseren Augen sein und wir werden dem neuen Menschen ein Stück näher kommen. Wir werden Straßen und Plätze, Häusermeere und ganze Städte in neue Farben tauchen. Wir werden die Wüsten bewegen, auf dass die Oasen blühen und gedeihen, dir zuliebe werden wir Mensch und Tier durch verschiedene Welten führen, Ozeane werden wir überqueren, um Dich zu sehen, um von dir das Wort der allumfassenden Liebe zu hören. Dein Wort, das uns zum Leben und Überleben führt.

Wir bitten dich, uns zu verstehen, wenn wir Pferd und Kamel, Kuh und Giraffe, Ochs und Esel mit uns führen und Mütter und Kinder aus allen Erdteilen, die alle deiner Hilfe dringend bedürfen. Hilf uns, das Elend zu besiegen, hilf uns, dass wir an allen Küsten landen und da zu Hause sind, wo wir uns gegenseitig an die Hand nehmen, den schwer Gezeichneten aufheben und die Not zusammen ertragen, denn die Not muss geteilt werden.

Schick uns den Starkstrom des Mitleids, denn wir wollen dir helfen, die Welt von Finsternis und Fäulnis zu befreien.
Jesus, darum bitten wir dich, ehe uns unsere Kräfte verlassen.
Darum bitten wir dich in Ehrfurcht und mit ganzer Seele.

Amen!

Was ist zu tun

Stellt euch nicht dieser Welt gleich
Sondern ändert euch durch Erneuerung eures Sinnes
Damit ihr prüfen könnt
Was Gottes Wille ist.

Nämlich das Gute und Wohlgefällige
Und Vollkommene.

Wir bitten und betteln
Wir atmen und japsen
Rasen und Rappeln uns wieder auf
Laufen weg und kommen wieder
Husten und strahlen
Weinen und schweigen
Geben auf und fangen uns wieder
Gehen zum Zahnarzt und haben ein gespaltenes Herz
Schwingen Reden
Steigen auf Berge
Geben Zeichen
Laufen um unser Leben
Verlieren Haare und Zähne
Tragen eine Maske
Und wollen nichts mehr hören und sehen

Siehe da
Die Hütte Gottes bei den Menschen
Und er wird bei ihnen wohnen
Und sie werden sein Volk sein
Und er selbst
Gott mit ihnen
Wird ihr Gott sein

Und Gott wird abwischen alle Tränen von ihren Augen
Und der Tod wird nicht mehr sein
Noch Leid noch Geschrei noch Schmerz wird mehr sein
Denn das erste ist vergangen.

Hanns Dieter Hüsch wurde 1925 in Moers am Niederrhein geboren. Nach dem Studium der Theaterwissenschaften und der Literaturgeschichte in Mainz landete er 1947 beim Studentenkabarett „Die Tolleranten". 1948 stellte er sein erstes Soloprogramm auf die Beine. 1956 wird er Mitbegründer des Kabaretts „Arche Noah". Seit über 40 Jahren gibt er Gastspiele im In- und Ausland. Hörfunk- und Fernsehsendungen erreichen ein großes Publikum, obwohl er doch „nur ein Kleinkünstler" ist, wie er sagt. Er erhielt zweimal den Deutschen Kleinkunstpreis, ist Ehrenbürger der Universität Mainz, Träger der Mainzer Gutenberg-Plakette. 1994 wurde ihm der Staatspreis des Landes Nordrhein-Westfalen verliehen. 1997 feierte er mit vielen Freundinnen und Freunden sein 50. Bühnenjubiläum und geht mit seinen liebenswerten Geschichten immer noch auf Tournee.
Er wohnt seit 1986 in Köln und ist Ehrenbürger seiner Heimatstadt Moers. Seit 1985 ist er regelmäßig Gast und Mitarbeiter auf Deutschen Evangelischen Kirchentagen mit ausgesuchten Kabarett-Programmen und seit Jahren gefeierter „Prophet" bei Liturgischen Festen. Die Johanneskirche in Köln-Klettenberg wurde seine geistliche Heimat. Dort erzählt er seine schmunzelnd-nachdenklichen Geschichten.

Joan Miró wurde 1893 als Sohn eines Goldschmiedes geboren und wuchs in dem Dorf Montroig bei Barcelona auf, wo seine Eltern einen Bauernhof besaßen. Von 1907 bis 1910 besuchte er die Kunstakademie in Barcelona und schloß von 1912 bis 1915 seine Ausbildung an der Akademie von Francisco de Asis Gali in Barcelona ab.
In seinen ersten selbstständigen Bildern zeigte er sich von van Gogh, Matisse, aber auch von den Malern des Kubismus beeinflusst. 1919 hatte er in Barcelona seine erste Ausstellung. Von 1919 bis 1940 lebte Miró in Paris. Dort wurde zunächst die Bekanntschaft mit Picasso bedeutungsvoll für ihn. Hatte er anfangs spanische Landschaften und Bauernhöfe gemalt, so nahm er später Fühlung mit den Surrealisten auf.
Seine Bildwelt ist voll Leichtigkeit, Phantasie, magisch märchenhaft, von Mozarts Musik inspiriert. Ganze Himmel voller Zeichen hat er gemalt: Augen, Sterne, Füße, Hände, Fabeltiere und Märchenwesen mit flatternden Armen, Frauen und Vögel, seltsame Hieroglyphen: „Drei Formen, die mich ständig verfolgen: ein roter Kreis, der Mond und ein Stern." Miró zeichnete Arabesken wie Blumen. Seine Wirkung beruht auf der Einfachheit und Sparsamkeit seiner Bildgedichte, die das Gegenteil von Primitivität sind und viele Betrachter glücklich machen.
Im Zweiten Weltkrieg wollte er nach der deutschen Besetzung Frankreichs in die USA ausweichen, doch bekam er keine Schiffspassage und kehrte nach Spanien zurück, wo er ungeschoren blieb. Erst lebte Miró bei Freunden im Versteck, später in Barcelona, dann ab 1944 in Paris. 1956 fand er in Callemayor (Palma de Mallorca) ein festes Domizil.
Außer Gemälden, Radierungen und Lithographien hat Miró auch viele Keramiken und Skulpturen geschaffen.
Miró war Kommandeur der französischen Ehrenlegion (74). 1980 wurde er mit der Goldmedaille der schönen Künste, der höchsten spanischen Kulturauszeichnung, geehrt. Er starb am 25. Dezember 1983 im Alter von 90 Jahren in seinem Haus auf Mallorca.

Inhalt

Text- und Bildnachweis

Einen Text von Hanns Dieter Hüsch haben wir aus einem seiner anderen Bücher übernommen:
Glocken des Frohsinns (S. 34) aus: Es kommt immer was dazwischen,

15 Bilder von Joan Miró wurden in diesem Buch verwendet:
Head of Catalan Peasant / Kopf eines katalanischen Bauern (Umschlag)
The Migrating Bird Passes / Der Zugvogel fliegt vorbei (Seite 2)
The Singing Fish / Der singende Fisch (Seite 5)
Letters and Numbers attracted by a spark / Buchstaben und Nummern angezogen von einem Funken (Seite 9)
Bird in the Night / Vogel in der Nacht (Seite 11)
Personage before the Sun / Person vor der Sonne (Seite 14/15)
Woman with Wind-Dishevelled Hair before the Eclipse / Frau mit wind-zerzaustem Haar vor der Sonnenfinsternis (Seite 19)
The Bather / Badender (Seite 24/25)
Woman and Birds in the Night / Frau und Vögel in der Nacht (Seite 29)
Birds surrounding the Star of Hope / Vögel umgeben den Stern der Hoffnung (Seite 33)
Carota / Carota (Seite 37)
Portrait II / Porträt II, 1938 (Seite 39)
Blue III / Blau III, 1961 (Seite 42/43)
The White Glove / Der weiße Handschuh (Seite 45)
Hair Pursued by Two Planets / Haar von zwei Planeten verfolgt (Rückseite)

Wir bedanken uns beim Blessing Verlag und der VG Bild-Kunst für die Abdruckgenehmigung.